Danites Group Bible Study Series & Otakada.Org Publishing

Antworten auf das Wort

Überarbeitete Ausgabe 2019

Raphael Awoseyin

Einführung

Überall auf der Welt treffen sich christliche Gruppen regelmäßig zum Bibelstudium, oft innerhalb enger zeitlicher Grenzen. Zu solchen Treffen gehört das, was wir Sonntagsschule nennen - normalerweise vor einem Gottesdienst in der Kirche. Eine große Herausforderung dieser Stipendien ist die Notwendigkeit, ein Studium zu haben, das innerhalb des engen Zeitplans abgeschlossen werden kann und den Teilnehmern dennoch die Möglichkeit gibt, zu lernen, wie sie sich auf ihr tägliches Leben anwenden können. Die Danite Group Bible Study (DGBS) -Reihe ist eine Antwort auf diese Herausforderung.

Die Reihe verfolgt zwei Ziele: Erstens müssen sie zu einer praktischen Anwendung der Grundsätze der Bibel auf das Leben der Teilnehmer und auf ihre Umgebung führen. Zweitens muss jedes

Lernmaterial die richtige Länge für ein aussagekräftiges einstündiges Gruppenstudium haben.

Jede Ausgabe von DBGS basiert auf einem Thema, das für ein Vierteljahr (3 Monate) bestimmt ist, und umfasst zwölf Studien. Die Absicht ist, dass die Gruppe jede Woche eine einstündige Studie zum vierteljährlichen Thema durchführt.

Um das Beste aus jeder Studie herauszuholen, ist es wichtig, dass die Studie partizipativ ist. Das Lesen der Haupttexte sollte unter den Teilnehmern geteilt werden, wonach alle gemeinsam den Schlüsselvers lesen sollten. Die im Lehrstil verfassten Abschnitte der Studie werden von Personen gelesen, die vom Leiter nominiert wurden, während die folgenden Fragen die Diskussion anregen. Am Ende jeder Studie werden einige Einzelstunden vorgeschlagen. Die Studienleiter sollten diese Punkte sowie zusätzliche Erkenntnisse hervorheben, die sich aus den Diskussionen ergeben können.

Während die Materialien auf Gruppenbibelstudien abzielen, sollten Einzelpersonen sie auch beim persönlichen Lernen hilfreich finden. Wie auch immer Sie sie einsetzen, ich bete, dass der Heilige Geist Ihr Leben durch sie bereichert.
**

Raphael Sunday Awoseyin
Gründer und Autor
Lagos, Nigeria

Über t Autor er

Raphael Sunday Awoseyin ist ein in Nigeria geborener professioneller Ingenieur, der sowohl in Nigeria als auch im Vereinigten Königreich gechartert ist. Als Junge war er ein gläubiger Katholik und diente in der katholischen Kirche in seiner Heimatstadt der Messe. Kurz vor seinem 15. Geburtstag im Jahr 1968 lernte er Jesus Christus auf der High School persönlich kennen . Er verfügt über mehr als 40 Jahre Erfahrung in der Öl- und Gasindustrie und ist außerdem ein begeisterter Softwareentwickler. Er ist ein begabter Bibellehrer, der die praktische Anwendung der Bibel im täglichen Leben des Christen betont. Er ist Gründer der Danite- Unternehmen Danite LLC und Danite Limited - einer Technologieberatungsgruppe. Mit der Wahl der Marke „ Danite " für seine christlichen Schriften möchte er betonen, dass der Glaube an Jesus Christus für einen Christen das Berufsleben durchdringen muss. Er ist mit Sarah verheiratet und sie haben drei Kinder - Yekemi , Adenike und Raphael (Jr.), die jetzt alle Erwachsene sind. Sie können ihm eine persönliche E - Mail an senden *rsawoseyin @ gmail .com* .

Über den Herausgeber - Otakada.org

Über Otakada.org - Wir bieten Ihnen über 2.000.000 auf Glauben basierende und von Glauben inspirierte Produkte und Dienstleistungen für die Glaubensgemeinschaft und Online-Suchende an einem Ort!

Unsere Leidenschaft auf otakada.org ist es, Glaubensgemeinschaften auszurüsten und Online-Suchende durch gesunde Inhalte, Produkte und Dienstleistungen zu erreichen, die ganzheitlich den Geist, die Seele und den Körper des Einzelnen an einem Ort stärken!

Wer wir bei Otakada.org sind, ist an unsere Werte, Vision und Mission gebunden, wie im Folgenden hervorgehoben:

Otakada-Werte: Integrität, Exzellenz, Geschwindigkeit und Rentabilität.

Otakada Vision: Wir stellen uns eine disziplinierte Welt vor.

Otakada-Mission: Unsere Ressourcen werden darauf ausgerichtet sein, auf Glauben basierende gesunde Produkte und Dienstleistungen für den weltweiten Vertrieb und die weltweite Anwendung zu entdecken, zu nutzen und freizusetzen.

Unser Ziel bei otakada.org ist es, bis 2040 100 Millionen Online-Communitys zu erreichen ... und bei uns zu bleiben.

Unter https://shop.otakada.org können Sie auch nach Waren und Dienstleistungen, Geschenken und vielem mehr suchen

Diese Ausgabe

Was wir in der Regel Titel Das Gleichnis vom Sämann auch betitelt werden könnte das Gleichnis vom Samen - und wir bevorzugen diesen Titel für die Zwecke dieser Studie , weil wir auf das Wort konzentrieren - den Samen. In der Parabel ist implizit enthalten, dass es keinen Unterschied in der Qualität der Samen gab, die an verschiedene Stellen fielen.

Der einzige Unterschied bestand in der Aufnahme der Samen - was geschah mit dem, was gehört wurde. Unsere Reaktion auf das, was wir hören, macht den Unterschied zwischen Erlösung und Verdammnis. Wenn Sie Christus durch eine Botschaft kennengelernt haben, die einer Versammlung von Menschen gepredigt wurde, ist es sehr wahrscheinlich, dass sich Menschen in derselben Versammlung befanden, die gerettet werden mussten, aber nicht so auf das Evangelium reagierten, wie Sie es getan haben. Warum hast du geantwortet und sie nicht? Lesen Sie Hebräer 4: 2 und Epheser 2: 8-9 .

Viel Spaß !

**

Raphael Awoseyin
Lagos, Nigeria

Table of Contents

Antworten auf das Wort 1
    Überarbeitete Ausgabe 2019 1

Einführung 2

Über t Autor er 4

Über den Herausgeber - Otakada.org 5

Diese Ausgabe 7

Studie 1 - Überlegen Sie, was Sie hören! 10
    Haupttext 10
    Schlüsselvers 10
        Diskussionsfragen: 11
    Hauptlernpunkt s : 12
        Gebet: 12

Studie 2 - Nikodemus 14
    Haupttexte 14
    Schlüsselvers 14
        Gebet 17

Studie 3 - Bewunderer und Zustimmende 18
    Haupttexte 18
    Schlüsselvers 18
    Diskussionsfragen : 20
    Hauptlernpunkt s : 20
        Gebet: 21

Studie 4 - Jairus 22
    Haupttexte 22
    Schlüsselvers 22
        Fragen 24
        Gebet : 25

Studie 5 - Der Diener des Zenturios 26
    Haupttext 26
    Schlüsselvers 26
        Hauptlernpunkt s : 28
        Gebet : 29

Studie 6 - Ebenen des Glaubens 30
    Haupttext 30
    Schlüsselvers 30
        Hauptlernpunkt s : 32
        Gebet : 33

Studie 7 - Die Pfingstmenge 34
    Haupttext 34
    Schlüsselvers 34
        Gebet : 37

Studie 8 - Apostel Paulus 38
    Haupttext 38
    Schlüsselvers 38
        Gebet : 41

Studie 9 - Thessalonicher und Beröer 42
    Haupttext 42
    Schlüsselvers 42
        Gebet 45

Studie 10 - Die Epheser 46
    Haupttext 46
    Schlüsselvers 46
        Gebet : 49

Studie 11 - Gouverneur Felix 50
    Haupttext 50
    Schlüsselvers 50
        Gebet 53

Studie 12 - Festus und Agrippa 54
    Haupttexte 54
    Schlüsselvers 54
        Gebet 57

Studie 1 - **Überlegen Sie, was Sie hören!**

Haupttext : Markus 4: 1-29

Schlüsselvers : Markus 4:24 - "Überlege genau, was du hörst ... Mit dem Maß, das du verwendest, wird es an dir gemessen - und noch mehr." (NIV)
***

Unser Schlüsselvers warnt uns, sorgfältig zu überlegen, was wir hören. Wir zitieren diesen Vers oft im Zusammenhang mit der Beachtung des Evangeliums und dem Kennenlernen Christi. Tatsächlich sagte Jesus diese Worte zu Seinen Jüngern und nicht zur Menge (siehe Vers 10). Was meinte Jesus mit der Aussage (NIV) „ Mit dem Maß, das Sie verwenden, wird es an Ihnen gemessen - und noch mehr "? In vielen Übersetzungen besagt diese Aussage, dass das Maß, dem Sie anderen Menschen dienen, das Maß ist, das Sie erhalten. Während das wahr sein mag, bedeutet die ursprüngliche Wiedergabe dieses Verses etwas anderes. In der wörtlichen Übersetzung heißt es: „ ... In welchem Maße sollt ihr messen? und zu dir, der es hört, wird hinzugefügt. "Beachten Sie die Worte " Wer es hört, wird hinzugefügt " . Es ist etwas an dem , was wir hören, zu benutzen , das noch mehr Verständnis für Gottes Wort bringt . Je mehr wir verwenden, was wir hören, desto mehr hören wir von ihm. Erzählt uns dies etwas über Situationen, in denen wir wünschen, dass Gott zu uns über etwas spricht und er scheint zu schweigen?

Ohne Zweifel ist eines der Probleme, mit denen Christen heute konfrontiert sind, die Tatsache, dass vieles, was von den Kanzeln und verschiedenen Gemeinschaften gehört und gelehrt wird, nicht von Einzelpersonen oder sogar von Kirchen erlebt wird. Wir sagen oft, es liegt daran, dass wir nicht genug beten. Wir können die rhetorische Frage stellen: „Wie viel Gebet ist genug?" Aber Gott fragt uns ständig, was wir mit dem tun, was wir hören. Wann haben Sie das letzte Mal absichtlich etwas getan, was Sie aus der Bibel gelernt haben (entweder durch Predigen, Lehren oder persönliches Studium), so dass Sie eine bestimmte Handlung ergriffen oder eine bestimmte Veränderung in Ihnen, Ihrem, bewirkt haben? Umstand oder Ihre Beziehungen?

Diskussionsfragen:

1. „ Denn das Herz dieses Volkes ist schwielig geworden; Sie hören kaum mit den Ohren und haben die Augen geschlossen. Sonst könnten sie mit ihren Augen sehen, mit ihren Ohren hören, mit ihren Herzen verstehen und sich umdrehen, und ich würde sie heilen. "(Matthäus 13:15 NIV). Beschreiben Sie, was Jesus mit einem „schwieligen" Herzen gemeint hat.

2. Ist es möglich, dass das Herz eines Christen schwielig wird? Nennen Sie Beispiele für Anzeichen eines schwieligen Herzens.

Hauptlernpunkt s :

1. Wir profitieren nur von dem, was wir hören, wenn wir darauf einwirken
2. Um auf die Botschaft des Evangeliums zu antworten und errettet zu werden, ist Gottes Gnade erforderlich
3. Wenn wir nach dem handeln, was Gott uns sagt, öffnen wir die Tür, damit er uns mehr sagt
4. Wenn wir wiederholt nicht auf das eingehen, was er uns sagt, können unsere Herzen schwielig werden - nicht länger empfindlich gegenüber seinem Wort, und wir können uns fragen, warum er nicht mehr zu uns spricht
5. Ein schwieliges Herz könnte entstehen, wenn man sich blind an konfessionelle Lehren hält, die möglicherweise unbiblisch sind
6. Eine Kirche kann durch Festhalten an Normen und Richtlinien, die nicht biblisch sind, verunsichert werden

Gebet:

Vater, öffne mein Herz, um zu sehen, wie die Dinge, die du durch deinen Geist enthüllst, auf mich zutreffen. Machen Sie mich unruhig, bis ich nach Wahrheiten handle, die Sie mir offenbaren. In Jesu Namen, Amen.

Studie 2 - Nikodemus

Haupttexte : Johannes 3: 1-15; 19: 38-42

Schlüsselvers: John 3: 3 - *Jesus antwortete: "Ganz ehrlich, ich sage dir, niemand kann das Reich Gottes sehen, wenn sie nicht wiedergeboren werden."* (NIV)
***

Es ist nicht ausdrücklich vermerkt, dass Nikodemus irgendwo vor seinem historischen Nachtbesuch bei Jesus, der in Johannes 3 aufgezeichnet wurde, Jesus Christus predigen gehört hatte. Johannes zeichnete jedoch bestimmte Schlüsselereignisse vor dem Besuch auf. Dies waren: (a) Johannes der Täufer hatte Buße gepredigt und das Kommen Jesu angekündigt (Johannes 1: 15-27), (b) Jesus war getauft worden (Johannes 1: 28-34), (c) Jesus hatte seine Jünger berufen (Johannes 1: 35-51), (c) Jesus hatte in Kana Wasser in Wein verwandelt (Johannes 2: 1-11), und (d) Jesus hatte Händler aus den Tempelhöfen vertrieben (Johannes 2: 12-25) . Es ist wahrscheinlich, dass Nikodemus unter den Juden war, die Jesus zur Verantwortung zogen, als Jesus die Händler aus dem Tempel vertrieb. Was er gesehen und gehört hatte, beeindruckte ihn so sehr, dass er beschloss, etwas dagegen zu unternehmen - gehe heimlich zu Jesus, um herauszufinden, was diese Dinge für ihn persönlich bedeuten sollten. Die Dinge, die Gott uns erlaubt, zu bezeugen und zu hören, sind Teil seiner Botschaft an uns.

Wurden Sie jemals von Beobachtungen und gesprochenen Worten ergriffen, die nicht unbedingt auf Sie abzielen, bis Sie sich dazu entschlossen haben, eine wichtige persönliche Entscheidung zu treffen?

Nikodemus war nicht nur ein Pharisäer, er war auch "Mitglied des jüdischen Regierungsrates". Stellen Sie sich die persönlichen Kämpfe vor, die er durchgemacht hätte, bevor er den Schritt getan hätte, um mit Jesus zu sprechen. Dieser Jesus hatte während seines gesamten irdischen Wirkens einen ständigen Kampf mit diesen jüdischen Führern, der darin gipfelte, dass er übergeben wurde, um gekreuzigt zu werden. In Anbetracht der Tatsache, dass Nikodemus sich später um den Körper Jesu kümmerte (Johannes 19: 38-42), blieb er sicherlich ein Schüler. Wir wissen nicht, was seine Jüngerschaft mit seiner Stellung als Pharisäer und als Mitglied des jüdischen Regierungsrates zu tun hatte, aber es ist gerechtfertigt, darauf hinzuweisen, dass er aufgrund seiner Entscheidung vor persönlichen Herausforderungen stand. Lesen Sie Johannes 7: 40-53.

Welche Gedanken an persönliche Herausforderungen könnten uns davon abhalten, auf das zu reagieren, was Gott uns sagt, und wie könnten wir möglicherweise die inneren Konflikte lösen?

Die Antwort von Jesus Christus auf die Anfrage von Nikodemus war nicht so einfach zu verstehen - nicht einmal für einen gelehrten Pharisäer: „Du musst wiedergeboren werden". „Du musst aus Wasser und Geist geboren sein". Einer der Gründe, warum viele das Evangelium heute ablehnen, ist, dass sie denken, dass es keinen Sinn macht: Wie kann Gott einen Sohn haben? Wie kann der Tod eines Menschen für die Sünden der ganzen Welt gesühnt werden? Um Nikodemus zu helfen, das zu verstehen, verglich Jesus das Wirken des Heiligen Geistes mit der Art und Weise, wie der Wind weht: *„ Der Wind weht, wo es ihm gefällt. Sie hören seinen Klang, können aber nicht sagen, woher er kommt oder wohin er geht. So ist es mit jedem, der aus dem Geist geboren ist.* "(Johannes 3: 8 NIV)

Welche Rolle spielt unser Intellekt bei unserer Reaktion auf Gottes Wort oder bei dessen Fehlen?

Diskussionsfragen :

1. In Ihrer Ortskirche ist es möglich, dass einige Menschen Botschaften und Lehren anhören, aber nie einen Schritt unternommen haben, um Christus zu empfangen. Was sind die möglichen Gründe?
2. Nikodemus trat trotz seines anscheinend geheimen Glaubens an Jesus Christus nicht aus dem jüdischen Regierungsrat aus. Was waren seine Optionen und warum blieb er im Rat?

Hauptlernpunkt s :

1. Obwohl Jesus an öffentlichen Orten lehrte und predigte, zielte der Heilige Geist auf Nikodemus und veranlasste ihn, auf das, was er hörte, zu antworten, indem er ein besseres Verständnis suchte

2. Der Heilige Geist kann unseren Intellekt umgehen und uns den rettenden Glauben an Christus ermöglichen. Dies muss vor allem bei Intellektuellen der Fall sein

3. Nikodemus riskierte seinen Ruf und sein Ansehen in der Gesellschaft, indem er Jesus Christus suchte und schließlich sein Schüler wurde

4. Trotz seines Engagements für Jesus Christus entschied er sich, das jüdische Konzil nicht zu verlassen, sondern als Stimme für das Evangelium zu bleiben. Er blieb ein Jünger und identifizierte sich später öffentlich mit Jesus, indem er direkt an der Beerdigung Jesu beteiligt war

Das positive Reagieren auf Gottes Wort könnte uns unseren Ruf, unser Vermögen und sogar unser Leben kosten, aber es ist immer das Richtige

Gebet :

Vater, gib mir den Mut und die Entschlossenheit, auf das zu reagieren, was ich höre. Du sprichst mit mir, entweder direkt oder durch Beobachtung von Ereignissen um mich herum. In Jesu Namen, Amen.

Studie 3 - Bewunderer und Zustimmende

Haupttexte : Markus 12: 18-34; Lukas 11: 14-28

Schlüsselvers: Lukas 11:28 - " *Gesegnet sind vielmehr diejenigen, die das Wort Gottes hören und ihm gehorchen.* " (NIV)
***

Die Sadduzäer, die nicht an die Auferstehung glaubten, hatten Jesus Christus in eine intellektuelle Debatte verwickelt, um Jesus vor allem zu beweisen, dass die Idee der Auferstehung keinen Sinn ergab. Jesus ließ sie die Oberflächlichkeit ihrer Überlegungen erkennen. Ein namenloser Schreiber, der das Gespräch mitgehört hatte, freute sich über die Antwort Jesu an die Sadduzäer. (Die Schriftgelehrten glaubten an die Auferstehung.) Als sie sich gut fühlten und vielleicht zuversichtlich sein wollten, bei Gott zu stehen, stellten sie die Frage, welches das wichtigste Gebot sei. Jesus fasste alle Gebote in zwei einfachen Geboten zusammen - Liebe zu Gott und Liebe zu anderen Menschen. Die Antwort des Schreibers zeigte, dass er das richtige intellektuelle Verständnis der Schrift hatte.

Was meinte Jesus mit „Du bist nicht weit vom Reich Gottes entfernt"? (Markus 12:34, NIV). Befindest du dich gerade in der Situation dieses Mannes oder warst du eine Zeit lang in seiner Situation?

In unserem zweiten Text (Lukas 11) hatte eine Menge miterlebt, wie Jesus einen dummen Dämon ausgestoßen hatte. Wir sehen drei verschiedene Reaktionen aus der Menge. Eine Gruppe war einfach erstaunt und vielleicht voller Bewunderung für Jesus. Eine zweite Gruppe, die nicht leugnen konnte, was sie gesehen hatten, beschloss, dem Teufel zuzuschreiben, was sie gesehen hatten. Eine dritte Gruppe war einfach unersättlich - sie wollten noch mehr Wunder sehen, waren aber nicht bereit, an Ihn zu glauben. Aus der ersten Gruppe („Die Bewunderer") rief eine Frau: „Gesegnet ist die Frau, die dich geboren und gepflegt hat!", Worauf Jesus antwortete: „Gesegnet sind diejenigen, die das Wort Gottes hören und ihm gehorchen." (Lukas 11: 27-28).

Viele institutionelle Führer, darunter auch Regierungschefs, loben ihr Publikum häufig für die Person Jesu Christi als „gutes Beispiel". Was ist Ihrer Meinung nach der Wert solcher Anbetungen für die Sache des Evangeliums?

Es gibt heute verschiedene Reaktionen auf Gottes Wort, die zwar gut sind, aber nicht unbedingt dem Befragten zugute kommen. Einen Prediger für eine „kraftvolle" Botschaft zu beglückwünschen oder zu beglückwünschen, ist unzureichend. Sogar die Übereinstimmung mit dem, was der Prediger sagt oder was wir in der Bibel lesen, ist unzureichend. Als Gott durch den Propheten Jesaja sagte, dass sein Wort das vollbringen würde, wofür er es gesandt hatte (Jesaja 55:11), meinte er keine dieser Antworten - er meinte, dass die Dinge im

Leben der Menschen und in der Welt geschehen würden als Ergebnis seines Wortes.

Erwähnen Sie einige Aussagen der Schrift, mit denen die meisten Christen einverstanden sind, die jedoch im Leben des Christen nicht unbedingt zutreffen müssen.

Diskussionsfragen :

1. Vor welchen Herausforderungen steht die christliche Evangelisation in einer Gesellschaft, in der das geistige Verständnis für die Botschaft des Evangeliums allgegenwärtig zu sein scheint, und wie können Christen damit in der Evangelisation umgehen?
2. Warum bewundern viele Menschen Jesus Christus, sind aber nicht bereit, an ihn zu glauben, um so zu sein wie er?

***

Hauptlernpunkt s :

1. Mentale Übereinstimmung und sogar die Belobigung der Worte Jesu Christi bedeuten keine Erlösung.
2. Die Belobigung Jesu Christi durch öffentliche Würdenträger, insbesondere zu christlichen Festzeiten, ist für die Errettung des Volkes von geringem Wert

3. Der konkrete Schritt, sich persönlich für Christus und die Schrift zu engagieren, ist der einzige Weg, von seinem Wort zu profitieren

Gebet:

Vater, hebe für mich Aspekte meines Lebens und meiner Erfahrung hervor, die nicht mit dem übereinstimmen, was du mir oder über mich sagst. Gib mir die Gnade, die Person zu sein, die du meintest. In Jesu Namen, Amen t.

Studie 4 - Jairus

Haupttexte: Markus 5: 21-43

Schlüsselvers: Markus 5:36 - " ... *Jesus sagte zu ihm:" Hab keine Angst; glaube einfach. "(Markus 5:36 NIV)*
***

Der Mann Jairus war Synagogenführer und sollte die offizielle Position der Synagogenleitung in allen Fragen des Glaubens und der Lehre wahren. Dies beinhaltete die Ablehnung der Ansprüche von Jesus Christus. Aber Jairus hatte Jesus beobachtet und auf ihn gehört. Er hatte anscheinend miterlebt, wie Jesus den Mann mit einer Legion Dämonen befreite. Er hatte zugehört, wie Jesus predigte, und was er hörte, traf ihn an - dass Jesus in der Lage sein musste, seine kranke Tochter zu heilen. Er erzählte, was er von Jesus gesehen und gehört hatte, von seiner persönlichen Situation.

Waren Sie jemals in einer Situation, in der Sie nachweislich davon überzeugt waren, dass die kollektive Position einer Gruppe (oder sogar einer Kirche), zu der Sie gehörten, falsch sein könnte, und Sie waren versucht, gegen die kollektive Position zu handeln?

Jairus nahm Mut zusammen und flehte Jesus an: "Meine kleine Tochter liegt im Sterben. Bitte komm und lege deine Hände auf sie, damit sie geheilt wird und lebt." (Markus 5:23 NIV). Jesus fügte sich und fing an, ihm zu seinem Haus zu folgen. Aber dann wurde Jesus von einer Frau abgelenkt, die sein Gewand berührt und ihre Heilung erhalten hatte. Während er sich um diese Frau kümmerte, kam die Nachricht, dass Jairus 'Tochter gestorben war. Die drei synoptischen Evangelien (Matthäus, Markus und Lukas) halten diese Geschichte fest. Matthäus berichtet, dass Jairus, als er das hörte, zu Jesus sagte: "Meine Tochter ist gerade gestorben. Aber komm und lege deine Hand auf sie, und sie wird leben." (Matthäus 9:18). Jesus kam schließlich zu Jairus 'Haus und erweckte das Mädchen wieder zum Leben.

Warum neigen diejenigen, die stark gegen das Evangelium waren, aber wiedergeboren werden, dazu, außergewöhnlichen Glauben an Gottes Wort zu zeigen? Was sagt uns das darüber, wie wir das Evangelium mit Ungläubigen teilen können?

Es ist uns angeboren, von Gott zu erwarten, dass er unsere Situation auf eine bestimmte Art und Weise angeht, und innerhalb eines Zeitraums, den wir als kritisch erachten. Nur wenige von uns würden noch Hoffnung behalten, nachdem ein geliebter Mensch, für dessen Heilung wir gebetet haben, irgendwann stirbt. Jairus erwartete, dass Jesus seine Tochter heilen würde, während sie noch lebte, aber es funktionierte nicht so.

Was beeinflusst unsere Erwartung, wie Gott in unsere Situation eingreifen würde, und unsere Definition eines „kritischen Zeitrahmens" für ein solches Eingreifen, und wie könnte Gott auf unsere Erwartung reagieren?

Als Jesus so spät kam, dass das Mädchen starb, sagten die Leute zu Jairus: „Deine Tochter ist tot... warum stört sie den Lehrer nicht mehr?" (Markus 5,35 NIV).

Wie gehen wir mit den Stimmen um uns herum um - insbesondere mit denen, die wir respektieren -, die uns möglicherweise davon abhalten, Gott beim Wort zu nehmen?

Fragen

1. Jairus hat sich offenbar von den Führern der Synagoge getrennt, indem er Jesus Christus anerkannt und um das Eingreifen Jesu in seine Familie gebeten hat. Besprechen Sie, warum man mit den konfessionellen Überzeugungen seiner Kirche in Konflikt geraten möchte.
2. Warum sehen sich treue Christen trotz Glaubensbekenntnissen und Behauptungen, was sie als Gottes Verheißungen verstehen, manchmal der Verlegenheit gegenüber, nicht das zu empfangen, was sie von Gott wünschen?

***

Wichtige Lernpunkte :

1. Diejenigen, die stark gegen das Evangelium sind, aber dann Christus kennenlernen, neigen dazu, mehr Glauben in ihr christliches Leben zu üben. Dies sollte uns ermutigen,

nicht aufzugeben, das Evangelium mit starken Gegnern zu teilen

2. Es ist eine Knechtschaft, wenn wir sehen, dass Gottes Wort unsere lang gehegten Überzeugungen in Frage stellt (vielleicht aufgrund unseres konfessionellen Hintergrunds), aber wir weigern uns, unsere irrtümlichen traditionellen Überzeugungen aufzugeben. Jairus ließ seine persönliche Überzeugung von Jesus die offizielle jüdische Führungsposition außer Kraft setzen.

3. Wir müssen uns daran erinnern, dass Gottes Wirken nicht durch unsere Sichtweise eines "kritischen Zeitrahmens" eingeschränkt wird - dass Er niemals zu spät in dem ist, was Er tut.

Gebet :

Vater, hilf mir, enger mit dir zu gehen, damit ich, wenn du Mose deine Wege offenbarst, auch deine Wege kenne und an dieses Wissen glaube. In Jesu Namen, Amen

Studie 5 - Der Diener des Zenturios

Haupttext : Lukas 7: 1-10, Matthäus 8: 5-13

Schlüsselvers : Matthäus 8: 8b - " *... sag einfach das Wort, und mein Diener wird geheilt werden."* (NIV)

***

Ein Zenturio in der römischen Armee war ein Kommandeur zwischen 80 und 200 Mann. Das Neue Testament enthält mehrere Zenturios. Die erste nachgewiesene Bekehrung eines Nichtjuden zum christlichen Glauben erfolgte durch den Zenturio in Cäsarea (Apg 10). Wie bei allen Militärs aller Altersgruppen ist sich der Centurio der Hierarchie sehr bewusst und respektiert die Autorität. In unserem Haupttext für heute haben wir diesen Zenturio, der, nachdem er von Jesus gehört hatte, zu dem Schluss gekommen ist, dass Jesus in der Lage sein muss, seinen kranken Diener zu heilen. Im Gegensatz zu der Frau mit Blutungen, die sich einfach durch die Menge drückte, um zu Jesus zu gelangen und sein Gewand zu berühren (Markus 5, 25-34), glaubte dieser Zenturio, er müsse sich an einen Vermittler wenden, um seinen Fall für Jesus Christus zu vertreten. Er rechnete damit, dass jüdische Führer es tun würden, da Jesus jüdischer Abstammung war. Also wandte er sich an die jüdischen Führer, um seinen Fall zu vertreten. Diese Führer stellten Jesus vor, was sie für eine Rechtfertigung hielten, dem Mann zu helfen: „Dieser Mann hat es verdient, dass Sie dies tun, weil er unsere Nation liebt und unsere Synagoge gebaut hat." (Lukas 7: 4-5 NIV.)

> a) **Was motiviert uns und was erwarten wir, wenn wir uns an einen angesehenen christlichen Führer wenden, um für uns in einer Angelegenheit zu beten?**
>
> b) **Welche unausgesprochenen, aber falschen Überlegungen *könnten einer* solchen Bitte um Gebet zugrunde liegen, und was sind die möglichen Konsequenzen?**

Als Jesus die jüdische Delegation zum Haus des Zenturios begleitete, sandte der Zenturio, als er sie wieder sah, Freunde, um Jesus zu sagen, dass er nicht physisch in sein Haus kommen müsse, um die Heilung zu bewirken, sondern nur die Heilung seines Dieners aussprechen müsse - von überall ! (Matthäus 8: 8.) Er brachte seine Vorlage in zwei Punkten auf den Punkt: Erstens hielt er sich für unwürdig, Jesus in seinem Haus zu besuchen. Zweitens hielt er einen solchen Besuch sowieso für unnötig und verglich ein Wort Jesu mit dem eines Militärbefehlshabers, der nur Befehle erteilen und den Truppen gehorchen musste. Alle diese Abgesandten, die er sandte, waren nur, um das Wort der Heilung von Jesus für seinen Diener zu erhalten! Nachdem Jesus seinen beispiellosen Glauben gelobt hatte, sprach er tatsächlich das Wort der Heilung und der Diener des Hauptmanns wurde sofort geheilt.

> c) **Was müssen die heutigen Christen tun, um den Glauben des Hauptmanns an das**

Wort Jesu Christi in Bezug auf schlimme Situationen geltend machen zu können, und warum scheitern wir oft und sind verlegen, wenn wir solche Glaubenserklärungen abgeben?

Diskussionsfragen :

1. Haben Sie das Gefühl, dass einige der Dinge, die wir gerne fasten und besondere Opfergaben geben („Saatglaube"), in einer schlimmen Situation auf dem Gedanken beruhen könnten, Antworten auf unsere Gebete zu finden? Wie schützen wir uns vor einem solchen Motiv?

2. Wie spricht Jesus heute zu Situationen, in denen wir auch mit voller Gewissheit davon gehen können, dass dies getan wird?

***

Hauptlernpunkt s :

1. Wenn wir einen angesehenen Christen um Gebetsunterstützung bitten, sollten wir dies nicht tun, als ob er oder sie einen besseren Zugang zu Gott hätte. Die Absicht sollte sein: (a) Möglicher Rat in Bezug auf das Thema, um uns zu helfen, effektiver zu beten, und (b) im Gehorsam gegenüber der Ermahnung der Schrift, dass wir füreinander beten sollen

2. Wir müssen uns davor hüten, einem "Mann Gottes" Antworten auf unsere Gebete zuzuschreiben, da dies bedeuten würde, die Herrlichkeit Gottes mit dem Menschen zu teilen. In der Tat könnte eine solche Denkweise die Beantwortung unserer Gebete behindern

3. Unsere Fähigkeit, den Glauben des Zenturios zu bekräftigen ("Sprich nur das Wort, und mein Diener wird geheilt"), kann nur durch ein enges Zusammenleben mit Gott, durch Meditation über sein Wort, durch das Sprechen dieser Worte zu uns selbst und durch ihre Aneignung zustande kommen .

Gebet :

Vater, danke, dass du mich würdig gemacht hast, zu dir zu kommen, für jede Situation, die ich durch nichts anderes als durch deinen Sohn Jesus Christus erleide. Helfen Sie mir, Sie zu erkennen und Ihnen zu vertrauen, wenn Sie mit meinen Situationen sprechen. In Jesu Namen, Amen.

Studie 6 - Ebenen des Glaubens

Haupttext : Markus 5: 22-43, Matthäus 8: 5-13

Schlüsselvers : Matthäus 9:29 - „*Dann berührte er ihre Augen und sagte:, Nach deinem Glauben soll es dir geschehen.*'" (NIV)

***

In dieser Studie vergleichen wir drei Personen, von denen jede im Glauben positiv auf das Wort Jesu Christi reagiert hat. In unserem ersten Text sehen wir zwei dieser Charaktere: Jairus 'Tochter war krank und er wollte verzweifelt, dass Jesus zu ihm nach Hause kam, um sie zu heilen. Für Jairus lag die Antwort in der physischen Anwesenheit Jesu am Bett des Mädchens. Dann haben wir die Frau, die seit zwölf Jahren blutet. Die Worte und Werke Jesu inspirierten ihren Glauben und sie sagte sich: "Wenn ich nur seine Kleidung berühre, werde ich geheilt." (Markus 5:28 NIV). Man könnte überrascht sein, dass sie nicht nach Jesus suchte, um für sie zu beten oder Hände auf sie zu legen! Dann sehen wir in unserem zweiten Text die dritte Figur - den Zenturio, der zufrieden war, dass alles, was er für die Heilung seines Dieners brauchte, ein Wort von Jesus war, das von überall aus gesprochen wurde!

> a) **Nennen Sie Beispiele für verschiedene Glaubensniveaus, die von Menschen geäußert werden, die Gottes Eingreifen in ihre heutige Situation suchen.**

b) **Wie sollten sich andere Christen in ihrer Umgebung verhalten, von denen sich einige möglicherweise unwohl oder unbehaglich fühlen, wenn der Sucher seinen Glauben demonstriert?**

Die Frau mit Blutungen hatte erhebliche Herausforderungen. Erstens war zu dieser Zeit nicht zu erwarten, dass Frauen sich an öffentlichen Orten offen mit Männern vermischen würden. (Dies erklärt, warum zum Beispiel die Darstellung, dass Jesus auf wundersame Weise Tausende füttert, sich nur auf Männer bezieht, „außer auf Frauen und Kinder".) Außerdem war eine blutende Frau laut Gesetz unrein und sollte sich nicht mit gesunden Menschen vermischen. Siehe 3. Mose 15: 25-27. Diese Herausforderungen reichten definitiv aus, um sich ihrem Schicksal zu ergeben. Aber sie hatte einen Glauben, der über diese Herausforderungen hinausging.

c) **Nennen Sie Beispiele für echte Herausforderungen, denen wir uns stellen könnten, wenn wir Gottes Eingreifen in unsere Situation anstreben, und mögliche Lehren aus der Geschichte dieser Frau in Bezug auf unsere Antwort auf solche Herausforderungen.**

Der Gedanke, dass eine Frau Jesu Gewand berührt, um geheilt zu werden, spiegelte sich im Wirken von Apostel Paulus in Ephesus wider, als Taschentücher und Schürzen von seinem Körper zu den Kranken gebracht wurden, um sie zu heilen (Apg 19,11-12) "Heilige Taschentücher", "Heiliges

Wasser", "Heiliges Öl" usw. in den heutigen Kirchen.

   d) **Was sind die subtilen Gefahren bei der Verwendung von „heiligen" Artikeln, die von angesehenen Ministern als Mittel zur Lösung unserer Lebensprobleme stammen?**

   e) **Was wäre eine in der Schrift ausgewogene Haltung zu einer solchen Praxis?**

***

Hauptlernpunkt s :

1. Die drei Charaktere Jairus, die blutende Frau und der Zenturio mit einem kranken Diener übten alle unterschiedliche Glaubensniveaus aus, aber der Herr ehrte sie alle
2. Wir sollten die Glaubensausübung des Einzelnen respektieren, auch wenn wir uns dadurch unwohl fühlen
3. Während wir daran glauben, Gott beim Wort zu nehmen, wird es immer Herausforderungen geben, die von der Realität vor Ort oder von Menschen um uns herum ausgehen können, die uns mitteilen, dass unser Fall über das Gebet hinausgeht oder dass wir für unsere Misere verantwortlich sind sollte keine Erleichterung suchen

4. Wir müssen an Gottes Wort festhalten und uns nicht von den Herausforderungen abschrecken lassen

5. Objekte wie Taschentücher, Salböl, Weihwasser usw. können den Glauben einiger Menschen als "Kontaktobjekte" stärken, aber wir dürfen diese Objekte niemals als kraftvoll ansehen, da alle Heilung von unserem Vertrauen auf Gott durch Jesus Christus herrührt.

Gebet :

Vater, wenn ich dein Wort studiere, lass deine Offenbarungen für mich ein Teil von mir werden, was sich in meinem zunehmenden Vertrauen in dich manifestiert. In Jesu Namen, Amen

Studie 7 - Die Pfingstmenge

Haupttext : Apostelgeschichte 2: 1-41

Schlüsselvers: Acts 2.37 - „ *Wenn die Leute das hörten, sie ins Herz geschnitten wurden und sprachen zu Petrus und den anderen Aposteln : ‚Brüder, was sollen wir tun?'"* (NIV) "

***

Das neutestamentliche Ereignis, das wir Pfingsten nennen, begann mit etwa 120 Jüngern, die in einem Raum versammelt waren und beteten - Apostelgeschichte 1: 14-15. Dann schien es ein bizarres Ereignis zu geben - ein mächtiger rauschender Wind, Zungen, die wie Feuer aussahen, Menschen, die in Sprachen sprachen, die sie nie gelernt hatten, die jedoch von Außenstehenden verstanden wurden, die nicht Teil des „Wahnsinns" waren. Die Reaktionen waren nicht unerwartet: „Was bedeutet das?" „Sie sind betrunken". Für den Fall, dass jemand dies für ein einmaliges Ereignis hielt, geschah etwas Ähnliches viel später im Haus von Cornelius - Apostelgeschichte 10: 44-45. Hat der Heilige Geist, der hinter all diesen Dingen stand, erkannt , wie „bizarr" diese ganze Sache war?

    a) **Was sind unsere ehrlichen Gefühle - gesprochen und unausgesprochen - wenn wir Zeuge dessen werden, was eine Störung unserer geordneten Gemeinschaft durch das zu sein scheint,**

was Menschen dem Heiligen Geist zuschreiben?

Petrus, der von den anderen Aposteln flankiert wurde und die Verwirrung der Zuschauer sah, stand auf, um das seltsame Phänomen im Lichte der Schrift zu erklären. Hören Sie, wie er angefangen hat: „Diese Leute sind nicht betrunken, wie Sie vermuten. Es ist erst neun Uhr morgens! Nein, das hat der Prophet Joel gesagt ... "(Apg 2,15-16 NIV). Er fuhr fort und lenkte die Aufmerksamkeit des Volkes auf die biblische Erklärung für das, was bizarr schien.

b) **Welche Rolle spielt die Kirchenleitung bei den übernatürlichen Erscheinungen des Heiligen Geistes in der Gemeinde und wie ist er auf diese Rolle vorbereitet?**

c) **Was wäre wohl passiert, wenn Petrus und die anderen Apostel die Äußerungen einfach ignoriert und die Gebetsversammlung fortgesetzt hätten?**

Die Botschaft von Petrus war kraftvoll und veranlasste diese Zuschauer, zu fragen: *„Was sollen wir tun?"* (Vers 37). Die Leute akzeptierten, dass das, was sie gerade gehört hatten, eine eindeutige Antwort von ihrer Seite verlangte. Aber sie wussten nicht, wie diese Antwort aussehen sollte, und sie wollten, dass Peter ihnen davon erzählte. Die Antwort des Petrus war klar und prägnant: Tut Buße und lasst euch im Namen Jesu Christi taufen, damit eure Sünden vergeben werden und ihr die

Gabe des Heiligen Geistes empfängt. Diese Vergebung der Sünden und die Gabe des Heiligen Geistes stehen Ihnen, Ihren Kindern, anderen Nationalitäten und sogar den Ungeborenen zur Verfügung. Lass nicht zu, dass die korrupte Gesellschaft um dich herum dein Schicksal bestimmt! (v38).

    d) **Lassen Sie jeden Teilnehmer in 2 Minuten „eine 10-Sekunden-Botschaft des Evangeliums" aufschreiben und 3 Personen ihre Botschaft mit der Gruppe teilen.**

Uns wird erzählt, dass etwa 3.000 Menschen, die seine Botschaft angenommen hatten, getauft wurden (Vers 41). Es wird vorausgesetzt, dass nicht jeder, der die Nachricht gehört hat, sie angenommen hat.

    e) **Welche möglichen - gesprochenen oder unausgesprochenen - Antworten gibt es von Einzelpersonen, nachdem sie eine auf der Bibel basierende Botschaft gehört haben?**

***

Hauptlernpunkt s :

    1. Einige von uns mögen sich bei Manifestationen des Heiligen Geistes in unserer Gemeinde unbehaglich fühlen, aber wir sollten akzeptieren, dass sich der Heilige Geist so manifestiert, wie es ihm gefällt
    2. Die Kirchenleitung hat die Verantwortung, die Manifestationen zu moderieren, um

Störungen zu vermeiden und sicherzustellen, dass die Kirche wirklich von den Diensten des Heiligen Geistes profitiert

3. Die Kirchenleitung muss auch immer den biblischen Kontext der Manifestationen des Heiligen Geistes zum Wohle der Gemeinde erklären. (Dies würde der Art und Weise ähneln, wie das Abendmahl immer im Kontext der Schrift erklärt wird.)

4. Wir müssen klar verstehen, was die Kernbotschaft des Evangeliums ist: Es geht um die Erlösung durch den Glauben an Jesus Christus, den Gott gegeben hat, um für unsere Sünden zu sterben. Während wir in Christus Lösungen für die Herausforderungen des Lebens wie Gesundheit und materielle Bedürfnisse finden, sollte dies nicht als "Evangelium" angesehen werden.

Gebet:

Vater, öffne mein Herz für deine Botschaften, die ich in deinem Wort höre oder lese, damit ich immer so antworte, wie du es erwartest. In Jesu Namen, Amen.

Studie 8 - Apostel Paulus

Haupttext: Galater 2: 11-24; 2. Korinther 11: 23-33

Schlüsselvers: Galatians 1: 11-12 - *" Ich möchte, dass Sie wissen, dass das Evangelium, das ich predigte, nicht menschlichen Ursprungs ist. Ich habe es von keinem Menschen erhalten, noch wurde es mir beigebracht, sondern ich erhielt es durch Offenbarung von Jesus Christus. "* (NIV)"
***

Apostel Paulus, der die Echtheit seines Dienstes verteidigt, berichtet den Galatern von den Anfängen seiner Bekehrung. Insbesondere sagt er, der Herr Jesus Christus habe ihm das Evangelium direkt offenbart, dass es nicht etwas war, was er von den Aposteln vor ihm gelernt hatte. Die Einzelheiten dieser Offenbarung sind in der Bibel nicht vermerkt, aber wir wissen, dass der Herr, als er den Schüler Ananias in Damaskus besuchte und ihm sagte, er solle Saul besuchen (wie Paulus damals genannt wurde), in Bezug auf Saul sagte: *„Dieser Mann ist mein auserwähltes Instrument, um den Heiden und ihren Königen sowie dem Volk Israel meinen Namen zu verkünden. Ich werde ihm zeigen, wie viel er für meinen Namen leiden muss. "* (Apostelgeschichte 9: 15-16 NIV). Tatsächlich sagte er, als er die Offenbarung des Evangeliums erhielt, habe er nicht einmal diese früheren Apostel konsultiert (Petrus, Jakobus) , John usw.) für jede Form der Klarstellung oder Authentifizierung (siehe Verse 15-17).

    a) **Warum hat Paulus Ihrer Meinung nach beschlossen, die Apostel, die vor ihm** waren, nicht zu konsultieren, was die Offenbarung Gottes an ihn anbelangt?

b) **Gibt es heutzutage Offenbarungen für einzelne Christen, die möglicherweise nicht geeignet sind, um ältere, vielleicht reifere Christen zu „klären" oder zu „validieren"?**

Der Herr hatte Ananias in Bezug auf Saul gesagt: *„Ich werde ihm zeigen, wie viel er für meinen Namen leiden muss."* Dies muss Teil der Offenbarung gewesen sein, die Paulus vom Herrn erhalten hatte und die er mit niemandem besprach. In unserem zweiten Text katalogisiert Paulus seine Leiden bei der Verkündigung des Evangeliums. Wir lesen später (siehe Apostelgeschichte 21: 10-14), wie Gott durch Agabus offenbarte, dass Apostel Paulus in Jerusalem verhaftet und misshandelt werden würde.

c) **Warum könnte Gott einem Individuum drohende Leiden, Nöte oder Katastrophen offenbaren?**

d) **Was sind unsere typischen Reaktionen auf solche Enthüllungen, wenn sie uns oder jemanden betreffen, der uns am Herzen liegt?**

Wenn ein Christ Leiden erleidet, das vernünftigerweise hätte vorhergesehen werden können oder das zuvor offenbart worden war, besteht oft das Gefühl des Bedauerns, dass wir vielleicht anders hätten handeln sollen, um das Leiden abzuwenden.

e) **Welche praktischen Schritte kann der leidende Christ unternehmen, wenn er den Gedanken hat, dass das Leiden hätte abgewendet werden können, wenn er oder sie anders gehandelt hätte?**

f) **Wie können andere Christen solch einen leidenden Christen unterstützen, insbesondere im Umgang mit dem Gefühl des Bedauerns?**

Es gibt Offenbarungen, die nur für unser Handeln bestimmt sind. Wenn wir Gottes Anweisungen folgen und dabei leiden, sollten wir uns daran erinnern, dass die frühen Apostel die gleiche Erfahrung gemacht haben!
** *

Hauptlernpunkt s :

1. Es gibt Gottes Offenbarungen für uns als Individuen, von denen Er erwartet, dass wir handeln und nicht einmal mit denen diskutieren, die wir respektieren.
2. Die Tatsache, dass wir im Gehorsam gegenüber Gottes Offenbarung handeln, bedeutet nicht, dass der Weg durchgehend glatt sein wird. Trotz des Gehorsams von Paulus hatte er es während seines gesamten Dienstes schwer
3. Gottes Offenbarungen über bevorstehendes Leiden sind möglicherweise nicht immer im Hinblick darauf, dass wir beten, dass Gott das Leiden verbietet. Es kann sein, dass wir darauf vorbereitet sind, es zu durchlaufen.

Gebet:

Vater, lehre mich, deine Offenbarungen mir gegenüber so zu behandeln, wie du es vorhast, und gib mir die Gnade, alles anzunehmen, was mir im Laufe eines solchen Gehorsams in den Weg kommt, Amen

Studie 9 - Thessalonicher und Beröer

Haupttext : Apostelgeschichte 17: 1-15

Schlüsselvers : Apostelgeschichte 17:11 - *„ Nun hatten die Juden aus den Beröern einen edleren Charakter als die in Thessaloniki, denn sie nahmen die Botschaft mit großem Eifer auf und untersuchten jeden Tag die heiligen Schriften, um festzustellen, ob das, was Paulus sagte, wahr ist."* (NIV)

***

Apostel Paulus war der einzige Apostel, der ausdrücklich beauftragt wurde, das Evangelium in die nichtjüdische Welt zu bringen - siehe Apostelgeschichte 9:15. Seine Missionsreisen zielten auf nichtjüdische Routen ab, aber die nichtjüdischen Städte, die er besuchte, hatten auch eine beträchtliche jüdische Bevölkerung. Er verfolgte eine vielschichtige Herangehensweise an seine Evangeliumsarbeit: Er kombinierte Evangelisationsaktivitäten auf dem Marktplatz - die sich hauptsächlich an die Nichtjuden richteten - mit synagogalen Schriftdiskursen, die sich an Juden und Proselyten richteten (Nichtjuden konvertieren zum Judentum). Siehe Apostelgeschichte 17: 1-3, 6-17.

    a) **Müssen wir unseren Evangelisationsstil auf bestimmte Denkweisen zuschneiden? Wenn ja, was wären die Hauptunterschiede in der Herangehensweise, wenn man sich an**

Muslime, nominelle Christen und Traditionalisten wendet?

Unser Schlüsselvers macht einen ungewöhnlichen Vergleich zwischen den Juden in Thessaloniki und denen in Berea. Es verwendet den Begriff "edlerer Charakter", um die Beröer zu beschreiben, aus dem einfachen Grund, dass sie nicht nur die Botschaft "mit großem Eifer" erhielten, sondern auch "jeden Tag die heiligen Schriften prüften, um festzustellen, ob das, was Paulus sagte, wahr ist". Eine der Herausforderungen, denen sich angesehene christliche Führer heute gegenübersehen, besteht darin, dass viele ihrer Zuhörer akzeptieren und sogar zitieren, was sie lehren, und kaum die biblische Grundlage für die Lehren schaffen.

> b) **Was sind die Gefahren, an bestimmten Lehren festzuhalten (auch wenn solche Lehren nützlich sind), weil wir sie von angesehenen Leitern gehört haben, ohne die biblische Grundlage zu schaffen?**

> c) **Wie können Bibelprediger und -lehrer ihren Hörern helfen, die Grundlage für ihren Glauben an die heiligen Schriften und nicht für ihre eigene (Prediger / Lehrer) Seriosität zu schaffen?**

So wie man fälschlicherweise an den Lehren einzelner angesehener christlicher Führer festhalten und sie leben könnte, ist es auch möglich, Lehren aus rein konfessionellen Gründen beizubehalten. Wenn alle kirchlichen Lehren aller konfessionsspezifischen Lehren beraubt wären, wäre die reine Schrift, die alle Christen auf der ganzen Welt zusammenhält, übrig geblieben. Während viele konfessionelle Lehren fundiert und auf einer guten Grundlage stehen, ist es wichtig, dass wir sie als konfessionsspezifisch anerkennen und daher die Gemeinschaft mit anderen Christen nicht behindern. Lesen Sie 1 Korinther 7:12.

- d) **Wie können wir Lehren identifizieren, die eher auf konfessionellen Urteilen als auf der Anordnung der Schrift beruhen, zumal wir die Art der Qualifikation, die Paulus in 1. Korinther 7:12 mit dem, was unsere Konfessionen lehren oder predigen, nicht oft hören?**

- e) **Erwähnen Sie einige konfessionsspezifische Lehren, entweder in Ihrer Kirche oder in anderen Kirchen, die Sie kennen, die auf konfessionellen Urteilen und nicht auf direkten schriftlichen Verfügungen beruhen . Wie können solche Lehren angemessen verbreitet werden?**

***

Hauptlernpunkt s :

1. So wie Paulus einen vielschichtigen Ansatz gewählt hat, um das Evangelium mit den verschiedenen Bevölkerungsgruppen zu teilen, müssen wir auch geeignete Strategien anwenden, wenn wir das Evangelium mit Muslimen, nominellen Christen und anderen

Ungläubigen teilen. Der gleiche Ansatz funktioniert möglicherweise nicht für jede Gruppe.

2. Es ist wichtig, dass unser zentraler Glaube und Glaube auf Gottes Wort basiert und nicht auf dem, was uns einige angesehene christliche Führer sagen, oder sogar auf den spezifischen Lehren unserer Konfession. Wenn ein Bruder oder eine Schwester auf eine Schriftstelle hinweist, die uns wahr ist, sollten wir die Wahrheit von nun an nicht mehr dem Bruder oder der Schwester zuschreiben. es ist Gottes Wort.

3. Bestimmungsspezifische Lehren, die gut gemeint sind, sind gut, aber wir sollten sie nicht als Lehren der Schrift oder auf derselben Ebene wie die Schrift darstellen. Wenn wir diese Falle vermeiden, sehen wir weitaus weniger Gründe für eine Schärfe zwischen den Konfessionen

Gebet :

Vater, ich verpflichte mich, dein Wort zu studieren, um zu wissen, was es sagt, damit mein Glaube auf dem beruht, was du sagst, und nicht auf der Sichtweise des Menschen. Hilf mir, die Schriftprobe auf alles anzuwenden, was ich im Namen Jesu höre. Amen.

Studie 10 - Die Epheser

Haupttext : Apostelgeschichte 19: 1-41

Schlüsselvers : **Apostelgeschichte 19:17 -** *„Als dies den in Ephesus lebenden Juden und Griechen bekannt wurde, wurden sie alle von Furcht ergriffen, und der Name des Herrn Jesus wurde mit großer Ehre gewürdigt."* (NIV)

***

Paulus und Silas blieben eine Weile in Ephesus, predigten das Evangelium an öffentlichen Orten und hielten Diskurse mit Juden in den Synagogen. Während dieser ganzen Zeit hat Gott sein Wort geehrt und viele Wunder durch die Apostel gewirkt. Anfänglich hielten viele, die glaubten, aus Angst, was andere von ihnen halten würden, ihren Glauben geheim. Aber es kam zu einem Punkt, an dem sie es nicht länger geheim halten konnten - sie erklärten offen ihren Glauben an Christus und brachten alle Gegenstände ihres Götzendienstes heraus, die zerstört werden sollten - Apostelgeschichte 19: 18-20. Unser Schlüsselvers sagt, dass die Menschen „alle von Angst erfasst wurden".

a) **Welche unterschiedlichen Arten von Angst können bei denen auftreten, die der Verkündigung des Wortes Gottes unter der Salbung des Heiligen Geistes ausgesetzt sind?**

Es gibt eine Angst, die zur Umkehr und Erlösung führt. Dies war die Art von Angst, vor der die Umstehenden an Pfingsten fragten: „Was sollen wir tun?" (Apg 2,37). Es war dieselbe Art von Angst, die die Epheser dazu veranlasste, auf den Götzendienst zu verzichten und das Evangelium anzunehmen. Ein Silberschmied namens Demetrius hatte jedoch eine andere Art von Angst.

b) **Was war Demetrius 'Grundangst und welche anderen Ängste hat er aus dieser Grundangst gesponnen, um Unterstützung für seine Opposition gegen das Evangelium zu mobilisieren ?**

c) **Welche Befürchtungen hindern die Menschen heute daran, positiv auf die Botschaft des Evangeliums zu reagieren, und wie werden diese Befürchtungen oft ausgesprochen, um die öffentliche Unterstützung für die Opposition gegen das Evangelium zu gewinnen?**

Ephesus war eine nichtjüdische Stadt, und hier waren Paulus und Silas - jüdische Prediger, die predigten, was die Nichtjuden als Untergrabung der Vormachtstellung von Artemis, dem Gott des Volkes, betrachteten. Es scheint, dass die Juden sich verpflichtet fühlten, die Apostel zu beschützen und die Spannungen zu entschärfen. Also ließen sie Alexander - einen Juden - versuchen, die ausgefransten Nerven der Demonstranten zu beruhigen. (Siehe Vers 33-34.) Er betrat die Bühne, aber die Menge ließ ihn nicht sprechen, weil sie ihn als Juden kannten. Es war der Stadtschreiber, der schließlich die Bühne betrat und das Volk beruhigte, indem er die Vormachtstellung von Artemis - dem ephesischen Gott - bekräftigte und ein spontanes Lob dieses Gottes anstachelte.

Paulus bezog sich später in seinen Briefen an Timotheus auf denselben Alexander: Lies 1 Timotheus 1: 18-20 und 2 Timotheus 4:14.

d) **Welche Eigenschaften sahen die Juden in späteren Verweisen auf Alexander den Silberschmied (auch „Kupferschmied" genannt), die ihn zu einem Kandidaten für die Befriedung der aufrührerischen Menge machten?**

e) **Gibt es heute in der Kirche Personen, die eine ähnliche Rolle spielen könnten wie Alexander bei Angriffen auf die Kirche?**

Während wir die heiligen Schriften lieben, die uns Gutes versprechen und uns ermutigen, würde Gottes Wort auch in uns Angst hervorrufen, und dies ist angemessen. Was wir als Reaktion auf diese Angst tun, bestimmt unser Schicksal. Gott beabsichtigt die Angst, uns zur Umkehr zu führen. Wenn wir uns jedoch ermutigen und die Angst unterdrücken, können wir im Laufe der Zeit einen abgehärteten Geist entwickeln, in den Gottes Wort möglicherweise nicht mehr eindringen kann.
***

Hauptlernpunkt s :

1. Viele werden durch die Angst vor ungewöhnlichen Dingen, die sie erleben könnten, wie das Sprechen in Zungen, daran gehindert, die Taufe im Heiligen Geist zu empfangen. Sie möchten den Heiligen Geist,

möchten ihm aber nicht die Freiheit geben, in ihrem Leben zu handeln

2. Angst ist eine angemessene Antwort auf Gottes Wort

3. Die Angst, die wir haben, wenn wir Gottes Wort lesen oder hören, sollte uns dazu bringen, unser Leben an seinen Absichten auszurichten

4. Es ist gefährlich, die durch Gottes Wort hervorgerufene Angst zu unterdrücken, um sich "gut zu fühlen". Wenn wir uns weiterhin seinem Wort widersetzen, können wir im Laufe der Zeit einen schwieligen Geist entwickeln, der nicht länger für ihn empfindlich ist

Gebet :

Vater, wenn dein Wort mein Herz durchdringt und mich unwohl fühlt, hilf mir bitte, den richtigen Schritt zu tun, um mich mit dir auszurichten. Erlaube mir niemals, mich deinem Wort zu widersetzen. In Jesus Namen. Amen

Studie 11 - Gouverneur Felix

Haupttext: Apostelgeschichte 24: 1-27

Schlüsselvers: Apostelgeschichte 24 : 25 - *„ Als Paulus über Gerechtigkeit, Selbstbeherrschung und das bevorstehende Gericht sprach, fürchtete sich Felix und sagte:„ Das ist genug für den Augenblick! Du kannst gehen. Wenn ich es passend finde, werde ich nach senden Sie."* **(NIV)**

In Apostelgeschichte 21: 10-14 hatten wir von Agabus gelesen, der prophezeite, dass Paulus in Jerusalem verhaftet und gebunden und den Heiden übergeben werden würde. Die anderen Jünger hatten erfolglos versucht, Paulus davon abzubringen, nach Jerusalem zu gehen, um diese unangenehme Erfahrung zu vermeiden. Aber die Antwort des Paulus lautete: "Ich bin nicht nur bereit, gebunden zu sein, sondern in Jerusalem für den Namen Jesu zu sterben." In unserem heutigen Text sehen wir, dass die Prophezeiung eintrat, als Juden aus Asien die Feindseligkeit gegen Paulus in Jerusalem schürten und er schließlich von den religiösen Führern an die Heiden übergeben wurde.

a) **Können Sie sich an eine Prophezeiung oder die vorherrschenden Umstände erinnern, die auf das Risiko eines schweren Leidens für einen Christen hindeuten, aber er oder sie hat sich dennoch entschieden, sich dieser Prophezeiung zu stellen?**

b) **Wie stehen Christen zu anderen Christen, die unter schwerem Leiden leiden, wenn dieses durch eine Offenbarung vernünftigerweise vorhergesehen oder sogar vorhergesagt wurde? Wie soll unsere Einstellung sein?**

Paulus erschien schließlich vor Gouverneur Felix in Cäsarea. Uns wird gesagt (Vers 22), dass Felix schon vor Paulus 'Erscheinen vor ihm „den Weg gut kannte" - er wusste über die Christen und die Botschaft des Evangeliums Bescheid. Bei Pauls zweitem Auftritt vor ihm - diesmal mit Felix 'Frau im Beisein - erfahren wir: *„Als Paul über Gerechtigkeit, Selbstbeherrschung und das bevorstehende Urteil sprach, hatte Felix Angst und sagte:, Das reicht fürs Erste! Du darfst gehen. Wenn es mir recht ist, werde ich nach dir schicken.'"* (V25).

c) **Wie erkennen wir diejenigen, die „den Weg gut kennen", aber nicht wiedergeboren sind, und wie sollte der Christ mit der Evangelisation gegenüber solchen Menschen umgehen?**

d) **Warum sollte jemand die Botschaft des Evangeliums hören, Angst haben und dennoch nicht den notwendigen Schritt unternehmen, um errettet zu werden?**

Über einen Zeitraum von zwei Jahren ließ Felix Paulus im Gefängnis zurück und rief ihn häufig in der Hoffnung auf, dass Paulus ihn bestechen würde, damit er freigelassen wird - Vers 26-27. Es gibt wahrscheinlich einige Leute, die heute in unseren Gefängnissen aufgrund von erfundenen Anschuldigungen und aus keinem anderen Grund als der Tatsache, dass sie kein Bestechungsgeld geben würden, schmachten. Der Christ wäre unter Druck, die Freilassung solcher Menschen in kürzester Zeit sicherzustellen. Viele von uns kommen von Zeit zu Zeit in „kleine Gefängnisse" - zum Beispiel, wenn ein korrupter Beamter uns zum Lösegeld verurteilt, um ein Bestechungsgeld zu erzwingen, bevor wir Gerechtigkeit erlangen können.

e) **Welche praktischen Maßnahmen kann eine Ortskirche ergreifen, um Personen zu berücksichtigen, von denen bekannt ist, dass sie zu Unrecht inhaftiert sind?**

f) **Würden Sie Mittel helfen zu erhöhen , um Regierungsbeamte für die Freilassung eines geliebten Menschen zu geben , das wird zu *Unrecht* in gehalten Gefängnis? .**

***

Hauptlernpunkt s :

1. Gott konnte Seinen Kindern drohendes Leiden offenbaren, nicht damit sie dagegen beten, sondern dass sie bereit sind, sich ihm zu stellen. Er verhindert Leiden nicht immer, selbst wenn wir dagegen beten

2. Es ist besonders schwierig, denjenigen das Evangelium zu verkünden, die es bereits kennen, aber ihr Leben nicht Christus hingegeben haben, weil sie die

Konsequenzen für ihren irdischen Status fürchten

3. Wir werden manchmal ungerechten Leiden ausgesetzt sein und unter Druck gesetzt, unseren Glauben und unsere Integrität zu gefährden, um unsere Freiheit zu sichern. Wir brauchen Weisheit und die Kraft des Heiligen Geistes, um in solchen Situationen auf Gott ausgerichtet zu bleiben

Gebet :

Vater, wir beten für diejenigen in unserer Mitte, die mit dem Evangelium gut vertraut sind, dich aber nicht als Herrn und Erlöser aufgenommen haben, damit dein Wort in ihren Herzen lebendig wird und sie zum Heil führt. In Jesus Namen. Amen

Studie 12 - Festus und Agrippa

Haupttexte: Apostelgeschichte 26: 1-32

Schlüsselvers: Apostelgeschichte 26 : 20b - „ *... Hör auf zu sündigen und wende dich an Gott! Dann beweise, was du so getan hast, wie du lebst.* " (NIV)
***

Gouverneur Felix hatte Apostel Paulus als Gefangenen an seinen Nachfolger Festus übergeben. Bei Festus 'erstem Besuch in Jerusalem hatten die Juden und ihre religiösen Führer erneut gefordert, Paulus nach Jerusalem zurückzuschicken - angeblich, um Anklage zu erheben, aber in Wirklichkeit, um ihn auf seinem Weg zu überfallen und zu töten - Apostelgeschichte 25: 3 . Festus lehnte es ab, Paulus nach Jerusalem zu schicken, sondern bat die Ankläger, nach Cäsarea zu kommen, um ihren Fall gegen Paulus vorzulegen. Die Ankläger des Paulus folgten Festus nach Cäsarea und machten ihren Fall. Nachdem er Pauls Verteidigung zugehört hatte , war Festus nicht überzeugt, dass Paul etwas falsch gemacht hatte. Im Zuge seiner Verteidigung bat Paulus darum, zu Kaiser Caesar nach Rom geschickt zu werden, um dort vor Gericht gestellt zu werden. Es war heute gleichbedeutend mit der Berufung vor dem Obersten Gerichtshof. Wenn er Paul nach Rom schickte, musste Festus jedoch die angebliche Straftat des Paulus angeben - von der er nicht glaubte, dass sie existierte. Um ihm in dieser Hinsicht zu helfen, rief er Paulus an, um seinen Fall vor seinem (Festus-) Besuch bei König Agrippa darzulegen.

a) **Warum hat Paulus wohl an Caesar appelliert - ein Prozess, der seinen Fall weiter verlängern würde? Sehen Sie eine Parallele zwischen dem Umstand, der zu Pauls Berufung geführt hat, und der Situation in der heutigen Justiz Ihres Landes?**

In Apostelgeschichte 9,10-16 erfahren wir, was Gott Ananias nach der Bekehrung über Paulus und seinen zukünftigen Dienst erzählte. Paulus bezog sich später in Galater 1,15-16 auf das, was Gott ihm diesbezüglich sagte. Vor König Agrippa (Apg 26,13-18) übermittelte er jedoch die ausführliche Botschaft, die er von Gott in Bezug auf seinen Dienst erhielt.

„ *Es ist schwer für dich, gegen die Stacheln zu treten.* "- Apostelgeschichte 26: 14b. Die Übersetzung von Good News gibt es so wieder: „ *Sie verletzen sich, indem Sie zurückschlagen, wie ein Ochse, der gegen den Stock seines Besitzers tritt.* Geben Sie heute Beispiele dafür, wie Gottes Bewegung auf eine Weise behindert wird, die dem Treten „gegen die Stacheln" gleichkommt.

Die Verteidigung des Paulus - oder besser gesagt die Predigt - vor Agrippa (und Festus) zeigt, wie Paulus aus unbestreitbaren biblischen Wahrheiten schöpft, um die Botschaft des Evangeliums zu begründen. Die beiden Würdenträger reagierten unterschiedlich auf die Botschaft.

b) **Welche spezifische Aussage (siehe Vers 23) von Paulus veranlasste Festus zu sagen, dass er (Paulus) verrückt war und warum?**

c) **Welche Elemente des Evangeliums ergeben für Menschen wie Festus heute keinen Sinn, und wie gehen diejenigen, die zu Christus kommen, mit solchen Problemen um, um zu Christus zu kommen?**

d) **König Agrippas Bemerkung zu Paulus: "Glauben Sie, dass Sie mich in so kurzer Zeit davon überzeugen können, Christ zu sein?" Was war Ihrer Meinung nach in Agrippas Kopf los, was hat diese Bemerkung ausgelöst und was sagt dies über viele Wer hört heute das Evangelium?**

Es ist nicht bekannt, dass Agrippa das Evangelium, zu dem Paulus ihn gebracht hat, schließlich angenommen hat. Aber das Mandat des Christen beim Zeugnis ist es, die Menschen zu einem Punkt des Verständnisses zu führen.

***

Hauptlernpunkt s :

1. Der Gehorsam gegenüber Gott kann unser Leiden verlängern, da wir manchmal einen schwierigen Rechtsweg einschlagen müssen, aber wir müssen uns weiterhin versichern, dass Gott die Verantwortung trägt
2. Es wird immer Menschen geben, für die das Evangelium keinen logischen Sinn ergibt, und es wird Menschen geben, die Sinn darin sehen, an der Schwelle stehen, ihn zu empfangen, sich ihm aber dennoch widersetzen

3. Unser Ziel beim Teilen des Evangeliums ist es, die Menschen dazu zu bringen, Gottes Heilsplan zu verstehen. Nur die Gnade Gottes führt diejenigen, die dies verstehen, zum Heil.

Gebet :

Vater, wir beten für diejenigen, denen wir begegnen, die Schwierigkeiten haben, das Evangelium zu verstehen, damit Ihre Gnade sie erreicht, um die Augen ihres Verständnisses zu öffnen und Ihre Erlösung zu empfangen. In Jesus Namen. Amen.
Ende

www.ingramcontent.com/pod-product-compliance
Lightning Source LLC
LaVergne TN
LVHW021738060526
838200LV00052B/3342